RECORD COLLECTOR LOGBOOK

LOGBOOK INFORMATION

Start Date	
End Date	
Logbook Number	

OWNER INFORMATION

Name	
Address	
Phone Number	
Email Address	

MUSIC ALBUM COLLECTOR LOG

ARTIST		LABEL	
ALBUM		COUNTRY	
YEAR		GRADE	

NOTES	

OVERALL RATING

1	2	3	4	5	6	7	8	9	10

ARTIST		LABEL	
ALBUM		COUNTRY	
YEAR		GRADE	

NOTES	

OVERALL RATING

1	2	3	4	5	6	7	8	9	10

ARTIST		LABEL	
ALBUM		COUNTRY	
YEAR		GRADE	

NOTES	

OVERALL RATING

1	2	3	4	5	6	7	8	9	10

MUSIC ALBUM COLLECTOR LOG

ARTIST		LABEL	
ALBUM		COUNTRY	
YEAR		GRADE	

NOTES	

OVERALL RATING

1	2	3	4	5	6	7	8	9	10

ARTIST		LABEL	
ALBUM		COUNTRY	
YEAR		GRADE	

NOTES	

OVERALL RATING

1	2	3	4	5	6	7	8	9	10

ARTIST		LABEL	
ALBUM		COUNTRY	
YEAR		GRADE	

NOTES	

OVERALL RATING

1	2	3	4	5	6	7	8	9	10

MUSIC ALBUM COLLECTOR LOG

ARTIST		LABEL	
ALBUM		COUNTRY	
YEAR		GRADE	
NOTES			

OVERALL RATING

1	2	3	4	5	6	7	8	9	10

ARTIST		LABEL	
ALBUM		COUNTRY	
YEAR		GRADE	
NOTES			

OVERALL RATING

1	2	3	4	5	6	7	8	9	10

ARTIST		LABEL	
ALBUM		COUNTRY	
YEAR		GRADE	
NOTES			

OVERALL RATING

1	2	3	4	5	6	7	8	9	10

MUSIC ALBUM COLLECTOR LOG

ARTIST		LABEL	
ALBUM		COUNTRY	
YEAR		GRADE	

NOTES	

OVERALL RATING

1	2	3	4	5	6	7	8	9	10

ARTIST		LABEL	
ALBUM		COUNTRY	
YEAR		GRADE	

NOTES	

OVERALL RATING

1	2	3	4	5	6	7	8	9	10

ARTIST		LABEL	
ALBUM		COUNTRY	
YEAR		GRADE	

NOTES	

OVERALL RATING

1	2	3	4	5	6	7	8	9	10

MUSIC ALBUM COLLECTOR LOG

ARTIST		LABEL	
ALBUM		COUNTRY	
YEAR		GRADE	
NOTES			

OVERALL RATING

1	2	3	4	5	6	7	8	9	10

ARTIST		LABEL	
ALBUM		COUNTRY	
YEAR		GRADE	
NOTES			

OVERALL RATING

1	2	3	4	5	6	7	8	9	10

ARTIST		LABEL	
ALBUM		COUNTRY	
YEAR		GRADE	
NOTES			

OVERALL RATING

1	2	3	4	5	6	7	8	9	10

MUSIC ALBUM COLLECTOR LOG

ARTIST		LABEL	
ALBUM		COUNTRY	
YEAR		GRADE	

NOTES	

OVERALL RATING

1	2	3	4	5	6	7	8	9	10

ARTIST		LABEL	
ALBUM		COUNTRY	
YEAR		GRADE	

NOTES	

OVERALL RATING

1	2	3	4	5	6	7	8	9	10

ARTIST		LABEL	
ALBUM		COUNTRY	
YEAR		GRADE	

NOTES	

OVERALL RATING

1	2	3	4	5	6	7	8	9	10

MUSIC ALBUM COLLECTOR LOG

ARTIST		LABEL	
ALBUM		COUNTRY	
YEAR		GRADE	

NOTES	

OVERALL RATING

1	2	3	4	5	6	7	8	9	10

ARTIST		LABEL	
ALBUM		COUNTRY	
YEAR		GRADE	

NOTES	

OVERALL RATING

1	2	3	4	5	6	7	8	9	10

ARTIST		LABEL	
ALBUM		COUNTRY	
YEAR		GRADE	

NOTES	

OVERALL RATING

1	2	3	4	5	6	7	8	9	10

MUSIC ALBUM COLLECTOR LOG

ARTIST		LABEL	
ALBUM		COUNTRY	
YEAR		GRADE	

NOTES	

OVERALL RATING

1	2	3	4	5	6	7	8	9	10

ARTIST		LABEL	
ALBUM		COUNTRY	
YEAR		GRADE	

NOTES	

OVERALL RATING

1	2	3	4	5	6	7	8	9	10

ARTIST		LABEL	
ALBUM		COUNTRY	
YEAR		GRADE	

NOTES	

OVERALL RATING

1	2	3	4	5	6	7	8	9	10

MUSIC ALBUM COLLECTOR LOG

ARTIST		LABEL	
ALBUM		COUNTRY	
YEAR		GRADE	
NOTES			

OVERALL RATING

| 1 | 2 | 3 | 4 | 5 | 6 | 7 | 8 | 9 | 10 |

ARTIST		LABEL	
ALBUM		COUNTRY	
YEAR		GRADE	
NOTES			

OVERALL RATING

| 1 | 2 | 3 | 4 | 5 | 6 | 7 | 8 | 9 | 10 |

ARTIST		LABEL	
ALBUM		COUNTRY	
YEAR		GRADE	
NOTES			

OVERALL RATING

| 1 | 2 | 3 | 4 | 5 | 6 | 7 | 8 | 9 | 10 |

MUSIC ALBUM COLLECTOR LOG

ARTIST		LABEL	
ALBUM		COUNTRY	
YEAR		GRADE	

NOTES	

OVERALL RATING

1	2	3	4	5	6	7	8	9	10

ARTIST		LABEL	
ALBUM		COUNTRY	
YEAR		GRADE	

NOTES	

OVERALL RATING

1	2	3	4	5	6	7	8	9	10

ARTIST		LABEL	
ALBUM		COUNTRY	
YEAR		GRADE	

NOTES	

OVERALL RATING

1	2	3	4	5	6	7	8	9	10

MUSIC ALBUM COLLECTOR LOG

ARTIST		LABEL	
ALBUM		COUNTRY	
YEAR		GRADE	
NOTES			

OVERALL RATING

1	2	3	4	5	6	7	8	9	10

ARTIST		LABEL	
ALBUM		COUNTRY	
YEAR		GRADE	
NOTES			

OVERALL RATING

1	2	3	4	5	6	7	8	9	10

ARTIST		LABEL	
ALBUM		COUNTRY	
YEAR		GRADE	
NOTES			

OVERALL RATING

1	2	3	4	5	6	7	8	9	10

MUSIC ALBUM COLLECTOR LOG

ARTIST		LABEL	
ALBUM		COUNTRY	
YEAR		GRADE	

NOTES	

OVERALL RATING

| 1 | 2 | 3 | 4 | 5 | 6 | 7 | 8 | 9 | 10 |

ARTIST		LABEL	
ALBUM		COUNTRY	
YEAR		GRADE	

NOTES	

OVERALL RATING

| 1 | 2 | 3 | 4 | 5 | 6 | 7 | 8 | 9 | 10 |

ARTIST		LABEL	
ALBUM		COUNTRY	
YEAR		GRADE	

NOTES	

OVERALL RATING

| 1 | 2 | 3 | 4 | 5 | 6 | 7 | 8 | 9 | 10 |

MUSIC ALBUM COLLECTOR LOG

ARTIST		LABEL	
ALBUM		COUNTRY	
YEAR		GRADE	

NOTES	

OVERALL RATING

1	2	3	4	5	6	7	8	9	10

ARTIST		LABEL	
ALBUM		COUNTRY	
YEAR		GRADE	

NOTES	

OVERALL RATING

1	2	3	4	5	6	7	8	9	10

ARTIST		LABEL	
ALBUM		COUNTRY	
YEAR		GRADE	

NOTES	

OVERALL RATING

1	2	3	4	5	6	7	8	9	10

MUSIC ALBUM COLLECTOR LOG

ARTIST		LABEL	
ALBUM		COUNTRY	
YEAR		GRADE	

NOTES	

OVERALL RATING

1	2	3	4	5	6	7	8	9	10

ARTIST		LABEL	
ALBUM		COUNTRY	
YEAR		GRADE	

NOTES	

OVERALL RATING

1	2	3	4	5	6	7	8	9	10

ARTIST		LABEL	
ALBUM		COUNTRY	
YEAR		GRADE	

NOTES	

OVERALL RATING

1	2	3	4	5	6	7	8	9	10

MUSIC ALBUM COLLECTOR LOG

ARTIST		LABEL	
ALBUM		COUNTRY	
YEAR		GRADE	
NOTES			

OVERALL RATING

1	2	3	4	5	6	7	8	9	10

ARTIST		LABEL	
ALBUM		COUNTRY	
YEAR		GRADE	
NOTES			

OVERALL RATING

1	2	3	4	5	6	7	8	9	10

ARTIST		LABEL	
ALBUM		COUNTRY	
YEAR		GRADE	
NOTES			

OVERALL RATING

1	2	3	4	5	6	7	8	9	10

MUSIC ALBUM COLLECTOR LOG

ARTIST		LABEL	
ALBUM		COUNTRY	
YEAR		GRADE	

NOTES	

OVERALL RATING

1	2	3	4	5	6	7	8	9	10

ARTIST		LABEL	
ALBUM		COUNTRY	
YEAR		GRADE	

NOTES	

OVERALL RATING

1	2	3	4	5	6	7	8	9	10

ARTIST		LABEL	
ALBUM		COUNTRY	
YEAR		GRADE	

NOTES	

OVERALL RATING

1	2	3	4	5	6	7	8	9	10

MUSIC ALBUM COLLECTOR LOG

ARTIST		LABEL	
ALBUM		COUNTRY	
YEAR		GRADE	
NOTES			

OVERALL RATING

| 1 | 2 | 3 | 4 | 5 | 6 | 7 | 8 | 9 | 10 |

ARTIST		LABEL	
ALBUM		COUNTRY	
YEAR		GRADE	
NOTES			

OVERALL RATING

| 1 | 2 | 3 | 4 | 5 | 6 | 7 | 8 | 9 | 10 |

ARTIST		LABEL	
ALBUM		COUNTRY	
YEAR		GRADE	
NOTES			

OVERALL RATING

| 1 | 2 | 3 | 4 | 5 | 6 | 7 | 8 | 9 | 10 |

MUSIC ALBUM COLLECTOR LOG

ARTIST		LABEL	
ALBUM		COUNTRY	
YEAR		GRADE	

NOTES	

OVERALL RATING

1	2	3	4	5	6	7	8	9	10

ARTIST		LABEL	
ALBUM		COUNTRY	
YEAR		GRADE	

NOTES	

OVERALL RATING

1	2	3	4	5	6	7	8	9	10

ARTIST		LABEL	
ALBUM		COUNTRY	
YEAR		GRADE	

NOTES	

OVERALL RATING

1	2	3	4	5	6	7	8	9	10

MUSIC ALBUM COLLECTOR LOG

ARTIST		LABEL	
ALBUM		COUNTRY	
YEAR		GRADE	

NOTES	

OVERALL RATING										
	1	2	3	4	5	6	7	8	9	10

ARTIST		LABEL	
ALBUM		COUNTRY	
YEAR		GRADE	

NOTES	

OVERALL RATING										
	1	2	3	4	5	6	7	8	9	10

ARTIST		LABEL	
ALBUM		COUNTRY	
YEAR		GRADE	

NOTES	

OVERALL RATING										
	1	2	3	4	5	6	7	8	9	10

MUSIC ALBUM COLLECTOR LOG

ARTIST		LABEL	
ALBUM		COUNTRY	
YEAR		GRADE	

NOTES	

OVERALL RATING

1	2	3	4	5	6	7	8	9	10

ARTIST		LABEL	
ALBUM		COUNTRY	
YEAR		GRADE	

NOTES	

OVERALL RATING

1	2	3	4	5	6	7	8	9	10

ARTIST		LABEL	
ALBUM		COUNTRY	
YEAR		GRADE	

NOTES	

OVERALL RATING

1	2	3	4	5	6	7	8	9	10

MUSIC ALBUM COLLECTOR LOG

ARTIST		LABEL	
ALBUM		COUNTRY	
YEAR		GRADE	

NOTES	

OVERALL RATING

1	2	3	4	5	6	7	8	9	10

ARTIST		LABEL	
ALBUM		COUNTRY	
YEAR		GRADE	

NOTES	

OVERALL RATING

1	2	3	4	5	6	7	8	9	10

ARTIST		LABEL	
ALBUM		COUNTRY	
YEAR		GRADE	

NOTES	

OVERALL RATING

1	2	3	4	5	6	7	8	9	10

MUSIC ALBUM COLLECTOR LOG

ARTIST		LABEL	
ALBUM		COUNTRY	
YEAR		GRADE	
NOTES			

OVERALL RATING

| 1 | 2 | 3 | 4 | 5 | 6 | 7 | 8 | 9 | 10 |

ARTIST		LABEL	
ALBUM		COUNTRY	
YEAR		GRADE	
NOTES			

OVERALL RATING

| 1 | 2 | 3 | 4 | 5 | 6 | 7 | 8 | 9 | 10 |

ARTIST		LABEL	
ALBUM		COUNTRY	
YEAR		GRADE	
NOTES			

OVERALL RATING

| 1 | 2 | 3 | 4 | 5 | 6 | 7 | 8 | 9 | 10 |

MUSIC ALBUM COLLECTOR LOG

ARTIST		LABEL	
ALBUM		COUNTRY	
YEAR		GRADE	
NOTES			

OVERALL RATING

1	2	3	4	5	6	7	8	9	10

ARTIST		LABEL	
ALBUM		COUNTRY	
YEAR		GRADE	
NOTES			

OVERALL RATING

1	2	3	4	5	6	7	8	9	10

ARTIST		LABEL	
ALBUM		COUNTRY	
YEAR		GRADE	
NOTES			

OVERALL RATING

1	2	3	4	5	6	7	8	9	10

MUSIC ALBUM COLLECTOR LOG

ARTIST		LABEL	
ALBUM		COUNTRY	
YEAR		GRADE	
NOTES			

OVERALL RATING

1	2	3	4	5	6	7	8	9	10

ARTIST		LABEL	
ALBUM		COUNTRY	
YEAR		GRADE	
NOTES			

OVERALL RATING

1	2	3	4	5	6	7	8	9	10

ARTIST		LABEL	
ALBUM		COUNTRY	
YEAR		GRADE	
NOTES			

OVERALL RATING

1	2	3	4	5	6	7	8	9	10

MUSIC ALBUM COLLECTOR LOG

ARTIST		LABEL	
ALBUM		COUNTRY	
YEAR		GRADE	
NOTES			

OVERALL RATING

1	2	3	4	5	6	7	8	9	10

ARTIST		LABEL	
ALBUM		COUNTRY	
YEAR		GRADE	
NOTES			

OVERALL RATING

1	2	3	4	5	6	7	8	9	10

ARTIST		LABEL	
ALBUM		COUNTRY	
YEAR		GRADE	
NOTES			

OVERALL RATING

1	2	3	4	5	6	7	8	9	10

MUSIC ALBUM COLLECTOR LOG

ARTIST		LABEL	
ALBUM		COUNTRY	
YEAR		GRADE	
NOTES			

OVERALL RATING

1	2	3	4	5	6	7	8	9	10

ARTIST		LABEL	
ALBUM		COUNTRY	
YEAR		GRADE	
NOTES			

OVERALL RATING

1	2	3	4	5	6	7	8	9	10

ARTIST		LABEL	
ALBUM		COUNTRY	
YEAR		GRADE	
NOTES			

OVERALL RATING

1	2	3	4	5	6	7	8	9	10

MUSIC ALBUM COLLECTOR LOG

ARTIST		LABEL	
ALBUM		COUNTRY	
YEAR		GRADE	

NOTES	

OVERALL RATING

1	2	3	4	5	6	7	8	9	10

ARTIST		LABEL	
ALBUM		COUNTRY	
YEAR		GRADE	

NOTES	

OVERALL RATING

1	2	3	4	5	6	7	8	9	10

ARTIST		LABEL	
ALBUM		COUNTRY	
YEAR		GRADE	

NOTES	

OVERALL RATING

1	2	3	4	5	6	7	8	9	10

MUSIC ALBUM COLLECTOR LOG

ARTIST		LABEL	
ALBUM		COUNTRY	
YEAR		GRADE	
NOTES			

OVERALL RATING

| 1 | 2 | 3 | 4 | 5 | 6 | 7 | 8 | 9 | 10 |

ARTIST		LABEL	
ALBUM		COUNTRY	
YEAR		GRADE	
NOTES			

OVERALL RATING

| 1 | 2 | 3 | 4 | 5 | 6 | 7 | 8 | 9 | 10 |

ARTIST		LABEL	
ALBUM		COUNTRY	
YEAR		GRADE	
NOTES			

OVERALL RATING

| 1 | 2 | 3 | 4 | 5 | 6 | 7 | 8 | 9 | 10 |

MUSIC ALBUM COLLECTOR LOG

ARTIST		LABEL	
ALBUM		COUNTRY	
YEAR		GRADE	

NOTES	

OVERALL RATING										
	1	2	3	4	5	6	7	8	9	10

ARTIST		LABEL	
ALBUM		COUNTRY	
YEAR		GRADE	

NOTES	

OVERALL RATING										
	1	2	3	4	5	6	7	8	9	10

ARTIST		LABEL	
ALBUM		COUNTRY	
YEAR		GRADE	

NOTES	

OVERALL RATING										
	1	2	3	4	5	6	7	8	9	10

MUSIC ALBUM COLLECTOR LOG

ARTIST		LABEL	
ALBUM		COUNTRY	
YEAR		GRADE	
NOTES			

OVERALL RATING

1	2	3	4	5	6	7	8	9	10

ARTIST		LABEL	
ALBUM		COUNTRY	
YEAR		GRADE	
NOTES			

OVERALL RATING

1	2	3	4	5	6	7	8	9	10

ARTIST		LABEL	
ALBUM		COUNTRY	
YEAR		GRADE	
NOTES			

OVERALL RATING

1	2	3	4	5	6	7	8	9	10

MUSIC ALBUM COLLECTOR LOG

ARTIST		LABEL	
ALBUM		COUNTRY	
YEAR		GRADE	

NOTES	

OVERALL RATING
1	2	3	4	5	6	7	8	9	10

ARTIST		LABEL	
ALBUM		COUNTRY	
YEAR		GRADE	

NOTES	

OVERALL RATING
1	2	3	4	5	6	7	8	9	10

ARTIST		LABEL	
ALBUM		COUNTRY	
YEAR		GRADE	

NOTES	

OVERALL RATING
1	2	3	4	5	6	7	8	9	10

MUSIC ALBUM COLLECTOR LOG

ARTIST		LABEL	
ALBUM		COUNTRY	
YEAR		GRADE	

NOTES	

OVERALL RATING

1	2	3	4	5	6	7	8	9	10

ARTIST		LABEL	
ALBUM		COUNTRY	
YEAR		GRADE	

NOTES	

OVERALL RATING

1	2	3	4	5	6	7	8	9	10

ARTIST		LABEL	
ALBUM		COUNTRY	
YEAR		GRADE	

NOTES	

OVERALL RATING

1	2	3	4	5	6	7	8	9	10

MUSIC ALBUM COLLECTOR LOG

ARTIST		LABEL	
ALBUM		COUNTRY	
YEAR		GRADE	

NOTES	

OVERALL RATING

1	2	3	4	5	6	7	8	9	10

ARTIST		LABEL	
ALBUM		COUNTRY	
YEAR		GRADE	

NOTES	

OVERALL RATING

1	2	3	4	5	6	7	8	9	10

ARTIST		LABEL	
ALBUM		COUNTRY	
YEAR		GRADE	

NOTES	

OVERALL RATING

1	2	3	4	5	6	7	8	9	10

MUSIC ALBUM COLLECTOR LOG

ARTIST		LABEL	
ALBUM		COUNTRY	
YEAR		GRADE	
NOTES			

OVERALL RATING

1	2	3	4	5	6	7	8	9	10

ARTIST		LABEL	
ALBUM		COUNTRY	
YEAR		GRADE	
NOTES			

OVERALL RATING

1	2	3	4	5	6	7	8	9	10

ARTIST		LABEL	
ALBUM		COUNTRY	
YEAR		GRADE	
NOTES			

OVERALL RATING

1	2	3	4	5	6	7	8	9	10

MUSIC ALBUM COLLECTOR LOG

ARTIST		LABEL	
ALBUM		COUNTRY	
YEAR		GRADE	

NOTES	

OVERALL RATING

1	2	3	4	5	6	7	8	9	10

ARTIST		LABEL	
ALBUM		COUNTRY	
YEAR		GRADE	

NOTES	

OVERALL RATING

1	2	3	4	5	6	7	8	9	10

ARTIST		LABEL	
ALBUM		COUNTRY	
YEAR		GRADE	

NOTES	

OVERALL RATING

1	2	3	4	5	6	7	8	9	10

MUSIC ALBUM COLLECTOR LOG

ARTIST		LABEL	
ALBUM		COUNTRY	
YEAR		GRADE	

NOTES	

OVERALL RATING

1	2	3	4	5	6	7	8	9	10

ARTIST		LABEL	
ALBUM		COUNTRY	
YEAR		GRADE	

NOTES	

OVERALL RATING

1	2	3	4	5	6	7	8	9	10

ARTIST		LABEL	
ALBUM		COUNTRY	
YEAR		GRADE	

NOTES	

OVERALL RATING

1	2	3	4	5	6	7	8	9	10

MUSIC ALBUM COLLECTOR LOG

ARTIST		LABEL	
ALBUM		COUNTRY	
YEAR		GRADE	

NOTES	

OVERALL RATING

1	2	3	4	5	6	7	8	9	10

ARTIST		LABEL	
ALBUM		COUNTRY	
YEAR		GRADE	

NOTES	

OVERALL RATING

1	2	3	4	5	6	7	8	9	10

ARTIST		LABEL	
ALBUM		COUNTRY	
YEAR		GRADE	

NOTES	

OVERALL RATING

1	2	3	4	5	6	7	8	9	10

MUSIC ALBUM COLLECTOR LOG

ARTIST		LABEL		
ALBUM		COUNTRY		
YEAR		GRADE		
NOTES				

OVERALL RATING

1	2	3	4	5	6	7	8	9	10

ARTIST		LABEL		
ALBUM		COUNTRY		
YEAR		GRADE		
NOTES				

OVERALL RATING

1	2	3	4	5	6	7	8	9	10

ARTIST		LABEL		
ALBUM		COUNTRY		
YEAR		GRADE		
NOTES				

OVERALL RATING

1	2	3	4	5	6	7	8	9	10

MUSIC ALBUM COLLECTOR LOG

ARTIST		LABEL	
ALBUM		COUNTRY	
YEAR		GRADE	

NOTES	

OVERALL RATING

1	2	3	4	5	6	7	8	9	10

ARTIST		LABEL	
ALBUM		COUNTRY	
YEAR		GRADE	

NOTES	

OVERALL RATING

1	2	3	4	5	6	7	8	9	10

ARTIST		LABEL	
ALBUM		COUNTRY	
YEAR		GRADE	

NOTES	

OVERALL RATING

1	2	3	4	5	6	7	8	9	10

MUSIC ALBUM COLLECTOR LOG

ARTIST		LABEL	
ALBUM		COUNTRY	
YEAR		GRADE	

NOTES	

OVERALL RATING

| 1 | 2 | 3 | 4 | 5 | 6 | 7 | 8 | 9 | 10 |

ARTIST		LABEL	
ALBUM		COUNTRY	
YEAR		GRADE	

NOTES	

OVERALL RATING

| 1 | 2 | 3 | 4 | 5 | 6 | 7 | 8 | 9 | 10 |

ARTIST		LABEL	
ALBUM		COUNTRY	
YEAR		GRADE	

NOTES	

OVERALL RATING

| 1 | 2 | 3 | 4 | 5 | 6 | 7 | 8 | 9 | 10 |

MUSIC ALBUM COLLECTOR LOG

ARTIST		LABEL	
ALBUM		COUNTRY	
YEAR		GRADE	

NOTES	

OVERALL RATING

1	2	3	4	5	6	7	8	9	10

ARTIST		LABEL	
ALBUM		COUNTRY	
YEAR		GRADE	

NOTES	

OVERALL RATING

1	2	3	4	5	6	7	8	9	10

ARTIST		LABEL	
ALBUM		COUNTRY	
YEAR		GRADE	

NOTES	

OVERALL RATING

1	2	3	4	5	6	7	8	9	10

MUSIC ALBUM COLLECTOR LOG

ARTIST		LABEL	
ALBUM		COUNTRY	
YEAR		GRADE	
NOTES			

OVERALL RATING

1	2	3	4	5	6	7	8	9	10

ARTIST		LABEL	
ALBUM		COUNTRY	
YEAR		GRADE	
NOTES			

OVERALL RATING

1	2	3	4	5	6	7	8	9	10

ARTIST		LABEL	
ALBUM		COUNTRY	
YEAR		GRADE	
NOTES			

OVERALL RATING

1	2	3	4	5	6	7	8	9	10

MUSIC ALBUM COLLECTOR LOG

ARTIST		LABEL	
ALBUM		COUNTRY	
YEAR		GRADE	

NOTES

OVERALL RATING

| 1 | 2 | 3 | 4 | 5 | 6 | 7 | 8 | 9 | 10 |

ARTIST		LABEL	
ALBUM		COUNTRY	
YEAR		GRADE	

NOTES

OVERALL RATING

| 1 | 2 | 3 | 4 | 5 | 6 | 7 | 8 | 9 | 10 |

ARTIST		LABEL	
ALBUM		COUNTRY	
YEAR		GRADE	

NOTES

OVERALL RATING

| 1 | 2 | 3 | 4 | 5 | 6 | 7 | 8 | 9 | 10 |

MUSIC ALBUM COLLECTOR LOG

ARTIST		LABEL	
ALBUM		COUNTRY	
YEAR		GRADE	

NOTES	

OVERALL RATING

1	2	3	4	5	6	7	8	9	10

ARTIST		LABEL	
ALBUM		COUNTRY	
YEAR		GRADE	

NOTES	

OVERALL RATING

1	2	3	4	5	6	7	8	9	10

ARTIST		LABEL	
ALBUM		COUNTRY	
YEAR		GRADE	

NOTES	

OVERALL RATING

1	2	3	4	5	6	7	8	9	10

MUSIC ALBUM COLLECTOR LOG

ARTIST		LABEL	
ALBUM		COUNTRY	
YEAR		GRADE	
NOTES			

OVERALL RATING

1	2	3	4	5	6	7	8	9	10

ARTIST		LABEL	
ALBUM		COUNTRY	
YEAR		GRADE	
NOTES			

OVERALL RATING

1	2	3	4	5	6	7	8	9	10

ARTIST		LABEL	
ALBUM		COUNTRY	
YEAR		GRADE	
NOTES			

OVERALL RATING

1	2	3	4	5	6	7	8	9	10

MUSIC ALBUM COLLECTOR LOG

ARTIST		LABEL	
ALBUM		COUNTRY	
YEAR		GRADE	

NOTES	

OVERALL RATING

1	2	3	4	5	6	7	8	9	10

ARTIST		LABEL	
ALBUM		COUNTRY	
YEAR		GRADE	

NOTES	

OVERALL RATING

1	2	3	4	5	6	7	8	9	10

ARTIST		LABEL	
ALBUM		COUNTRY	
YEAR		GRADE	

NOTES	

OVERALL RATING

1	2	3	4	5	6	7	8	9	10

MUSIC ALBUM COLLECTOR LOG

ARTIST		LABEL	
ALBUM		COUNTRY	
YEAR		GRADE	

NOTES	

OVERALL RATING										
	1	2	3	4	5	6	7	8	9	10

ARTIST		LABEL	
ALBUM		COUNTRY	
YEAR		GRADE	

NOTES	

OVERALL RATING										
	1	2	3	4	5	6	7	8	9	10

ARTIST		LABEL	
ALBUM		COUNTRY	
YEAR		GRADE	

NOTES	

OVERALL RATING										
	1	2	3	4	5	6	7	8	9	10

MUSIC ALBUM COLLECTOR LOG

ARTIST		LABEL	
ALBUM		COUNTRY	
YEAR		GRADE	
NOTES			

OVERALL RATING

1	2	3	4	5	6	7	8	9	10

ARTIST		LABEL	
ALBUM		COUNTRY	
YEAR		GRADE	
NOTES			

OVERALL RATING

1	2	3	4	5	6	7	8	9	10

ARTIST		LABEL	
ALBUM		COUNTRY	
YEAR		GRADE	
NOTES			

OVERALL RATING

1	2	3	4	5	6	7	8	9	10

MUSIC ALBUM COLLECTOR LOG

ARTIST		LABEL	
ALBUM		COUNTRY	
YEAR		GRADE	

NOTES	

OVERALL RATING
1　2　3　4　5　6　7　8　9　10

ARTIST		LABEL	
ALBUM		COUNTRY	
YEAR		GRADE	

NOTES	

OVERALL RATING
1　2　3　4　5　6　7　8　9　10

ARTIST		LABEL	
ALBUM		COUNTRY	
YEAR		GRADE	

NOTES	

OVERALL RATING
1　2　3　4　5　6　7　8　9　10

MUSIC ALBUM COLLECTOR LOG

ARTIST		LABEL	
ALBUM		COUNTRY	
YEAR		GRADE	
NOTES			

OVERALL RATING

1	2	3	4	5	6	7	8	9	10

ARTIST		LABEL	
ALBUM		COUNTRY	
YEAR		GRADE	
NOTES			

OVERALL RATING

1	2	3	4	5	6	7	8	9	10

ARTIST		LABEL	
ALBUM		COUNTRY	
YEAR		GRADE	
NOTES			

OVERALL RATING

1	2	3	4	5	6	7	8	9	10

MUSIC ALBUM COLLECTOR LOG

ARTIST		LABEL	
ALBUM		COUNTRY	
YEAR		GRADE	
NOTES			

OVERALL RATING

| 1 | 2 | 3 | 4 | 5 | 6 | 7 | 8 | 9 | 10 |

ARTIST		LABEL	
ALBUM		COUNTRY	
YEAR		GRADE	
NOTES			

OVERALL RATING

| 1 | 2 | 3 | 4 | 5 | 6 | 7 | 8 | 9 | 10 |

ARTIST		LABEL	
ALBUM		COUNTRY	
YEAR		GRADE	
NOTES			

OVERALL RATING

| 1 | 2 | 3 | 4 | 5 | 6 | 7 | 8 | 9 | 10 |

MUSIC ALBUM COLLECTOR LOG

ARTIST		LABEL	
ALBUM		COUNTRY	
YEAR		GRADE	
NOTES			

OVERALL RATING

| 1 | 2 | 3 | 4 | 5 | 6 | 7 | 8 | 9 | 10 |

ARTIST		LABEL	
ALBUM		COUNTRY	
YEAR		GRADE	
NOTES			

OVERALL RATING

| 1 | 2 | 3 | 4 | 5 | 6 | 7 | 8 | 9 | 10 |

ARTIST		LABEL	
ALBUM		COUNTRY	
YEAR		GRADE	
NOTES			

OVERALL RATING

| 1 | 2 | 3 | 4 | 5 | 6 | 7 | 8 | 9 | 10 |

MUSIC ALBUM COLLECTOR LOG

ARTIST		LABEL	
ALBUM		COUNTRY	
YEAR		GRADE	

NOTES	

OVERALL RATING

1	2	3	4	5	6	7	8	9	10

ARTIST		LABEL	
ALBUM		COUNTRY	
YEAR		GRADE	

NOTES	

OVERALL RATING

1	2	3	4	5	6	7	8	9	10

ARTIST		LABEL	
ALBUM		COUNTRY	
YEAR		GRADE	

NOTES	

OVERALL RATING

1	2	3	4	5	6	7	8	9	10

MUSIC ALBUM COLLECTOR LOG

ARTIST		LABEL	
ALBUM		COUNTRY	
YEAR		GRADE	

NOTES	

OVERALL RATING

1	2	3	4	5	6	7	8	9	10

ARTIST		LABEL	
ALBUM		COUNTRY	
YEAR		GRADE	

NOTES	

OVERALL RATING

1	2	3	4	5	6	7	8	9	10

ARTIST		LABEL	
ALBUM		COUNTRY	
YEAR		GRADE	

NOTES	

OVERALL RATING

1	2	3	4	5	6	7	8	9	10

MUSIC ALBUM COLLECTOR LOG

ARTIST		LABEL	
ALBUM		COUNTRY	
YEAR		GRADE	

NOTES	

OVERALL RATING

1	2	3	4	5	6	7	8	9	10

ARTIST		LABEL	
ALBUM		COUNTRY	
YEAR		GRADE	

NOTES	

OVERALL RATING

1	2	3	4	5	6	7	8	9	10

ARTIST		LABEL	
ALBUM		COUNTRY	
YEAR		GRADE	

NOTES	

OVERALL RATING

1	2	3	4	5	6	7	8	9	10

MUSIC ALBUM COLLECTOR LOG

ARTIST		LABEL	
ALBUM		COUNTRY	
YEAR		GRADE	

NOTES	

OVERALL RATING

| 1 | 2 | 3 | 4 | 5 | 6 | 7 | 8 | 9 | 10 |

ARTIST		LABEL	
ALBUM		COUNTRY	
YEAR		GRADE	

NOTES	

OVERALL RATING

| 1 | 2 | 3 | 4 | 5 | 6 | 7 | 8 | 9 | 10 |

ARTIST		LABEL	
ALBUM		COUNTRY	
YEAR		GRADE	

NOTES	

OVERALL RATING

| 1 | 2 | 3 | 4 | 5 | 6 | 7 | 8 | 9 | 10 |

MUSIC ALBUM COLLECTOR LOG

ARTIST		LABEL	
ALBUM		COUNTRY	
YEAR		GRADE	
NOTES			

OVERALL RATING

1	2	3	4	5	6	7	8	9	10

ARTIST		LABEL	
ALBUM		COUNTRY	
YEAR		GRADE	
NOTES			

OVERALL RATING

1	2	3	4	5	6	7	8	9	10

ARTIST		LABEL	
ALBUM		COUNTRY	
YEAR		GRADE	
NOTES			

OVERALL RATING

1	2	3	4	5	6	7	8	9	10

MUSIC ALBUM COLLECTOR LOG

ARTIST		LABEL	
ALBUM		COUNTRY	
YEAR		GRADE	
NOTES			

OVERALL RATING

| 1 | 2 | 3 | 4 | 5 | 6 | 7 | 8 | 9 | 10 |

ARTIST		LABEL	
ALBUM		COUNTRY	
YEAR		GRADE	
NOTES			

OVERALL RATING

| 1 | 2 | 3 | 4 | 5 | 6 | 7 | 8 | 9 | 10 |

ARTIST		LABEL	
ALBUM		COUNTRY	
YEAR		GRADE	
NOTES			

OVERALL RATING

| 1 | 2 | 3 | 4 | 5 | 6 | 7 | 8 | 9 | 10 |

MUSIC ALBUM COLLECTOR LOG

ARTIST		LABEL	
ALBUM		COUNTRY	
YEAR		GRADE	
NOTES			

OVERALL RATING

| 1 | 2 | 3 | 4 | 5 | 6 | 7 | 8 | 9 | 10 |

ARTIST		LABEL	
ALBUM		COUNTRY	
YEAR		GRADE	
NOTES			

OVERALL RATING

| 1 | 2 | 3 | 4 | 5 | 6 | 7 | 8 | 9 | 10 |

ARTIST		LABEL	
ALBUM		COUNTRY	
YEAR		GRADE	
NOTES			

OVERALL RATING

| 1 | 2 | 3 | 4 | 5 | 6 | 7 | 8 | 9 | 10 |

MUSIC ALBUM COLLECTOR LOG

ARTIST		LABEL	
ALBUM		COUNTRY	
YEAR		GRADE	

NOTES	

OVERALL RATING

| 1 | 2 | 3 | 4 | 5 | 6 | 7 | 8 | 9 | 10 |

ARTIST		LABEL	
ALBUM		COUNTRY	
YEAR		GRADE	

NOTES	

OVERALL RATING

| 1 | 2 | 3 | 4 | 5 | 6 | 7 | 8 | 9 | 10 |

ARTIST		LABEL	
ALBUM		COUNTRY	
YEAR		GRADE	

NOTES	

OVERALL RATING

| 1 | 2 | 3 | 4 | 5 | 6 | 7 | 8 | 9 | 10 |

MUSIC ALBUM COLLECTOR LOG

ARTIST		LABEL	
ALBUM		COUNTRY	
YEAR		GRADE	

NOTES	

OVERALL RATING

1	2	3	4	5	6	7	8	9	10

ARTIST		LABEL	
ALBUM		COUNTRY	
YEAR		GRADE	

NOTES	

OVERALL RATING

1	2	3	4	5	6	7	8	9	10

ARTIST		LABEL	
ALBUM		COUNTRY	
YEAR		GRADE	

NOTES	

OVERALL RATING

1	2	3	4	5	6	7	8	9	10

MUSIC ALBUM COLLECTOR LOG

ARTIST		LABEL		
ALBUM		COUNTRY		
YEAR		GRADE		

NOTES	

OVERALL RATING

1	2	3	4	5	6	7	8	9	10

ARTIST		LABEL		
ALBUM		COUNTRY		
YEAR		GRADE		

NOTES	

OVERALL RATING

1	2	3	4	5	6	7	8	9	10

ARTIST		LABEL		
ALBUM		COUNTRY		
YEAR		GRADE		

NOTES	

OVERALL RATING

1	2	3	4	5	6	7	8	9	10

MUSIC ALBUM COLLECTOR LOG

ARTIST		LABEL	
ALBUM		COUNTRY	
YEAR		GRADE	
NOTES			

OVERALL RATING

1	2	3	4	5	6	7	8	9	10

ARTIST		LABEL	
ALBUM		COUNTRY	
YEAR		GRADE	
NOTES			

OVERALL RATING

1	2	3	4	5	6	7	8	9	10

ARTIST		LABEL	
ALBUM		COUNTRY	
YEAR		GRADE	
NOTES			

OVERALL RATING

1	2	3	4	5	6	7	8	9	10

MUSIC ALBUM COLLECTOR LOG

ARTIST		LABEL	
ALBUM		COUNTRY	
YEAR		GRADE	
NOTES			

OVERALL RATING

1	2	3	4	5	6	7	8	9	10

ARTIST		LABEL	
ALBUM		COUNTRY	
YEAR		GRADE	
NOTES			

OVERALL RATING

1	2	3	4	5	6	7	8	9	10

ARTIST		LABEL	
ALBUM		COUNTRY	
YEAR		GRADE	
NOTES			

OVERALL RATING

1	2	3	4	5	6	7	8	9	10

MUSIC ALBUM COLLECTOR LOG

ARTIST		LABEL	
ALBUM		COUNTRY	
YEAR		GRADE	

NOTES	

OVERALL RATING										
	1	2	3	4	5	6	7	8	9	10

ARTIST		LABEL	
ALBUM		COUNTRY	
YEAR		GRADE	

NOTES	

OVERALL RATING										
	1	2	3	4	5	6	7	8	9	10

ARTIST		LABEL	
ALBUM		COUNTRY	
YEAR		GRADE	

NOTES	

OVERALL RATING										
	1	2	3	4	5	6	7	8	9	10

MUSIC ALBUM COLLECTOR LOG

ARTIST		LABEL	
ALBUM		COUNTRY	
YEAR		GRADE	
NOTES			

OVERALL RATING

1	2	3	4	5	6	7	8	9	10

ARTIST		LABEL	
ALBUM		COUNTRY	
YEAR		GRADE	
NOTES			

OVERALL RATING

1	2	3	4	5	6	7	8	9	10

ARTIST		LABEL	
ALBUM		COUNTRY	
YEAR		GRADE	
NOTES			

OVERALL RATING

1	2	3	4	5	6	7	8	9	10

MUSIC ALBUM COLLECTOR LOG

ARTIST		LABEL	
ALBUM		COUNTRY	
YEAR		GRADE	
NOTES			

OVERALL RATING

1	2	3	4	5	6	7	8	9	10

ARTIST		LABEL	
ALBUM		COUNTRY	
YEAR		GRADE	
NOTES			

OVERALL RATING

1	2	3	4	5	6	7	8	9	10

ARTIST		LABEL	
ALBUM		COUNTRY	
YEAR		GRADE	
NOTES			

OVERALL RATING

1	2	3	4	5	6	7	8	9	10

MUSIC ALBUM COLLECTOR LOG

ARTIST		LABEL	
ALBUM		COUNTRY	
YEAR		GRADE	
NOTES			

OVERALL RATING

| 1 | 2 | 3 | 4 | 5 | 6 | 7 | 8 | 9 | 10 |

ARTIST		LABEL	
ALBUM		COUNTRY	
YEAR		GRADE	
NOTES			

OVERALL RATING

| 1 | 2 | 3 | 4 | 5 | 6 | 7 | 8 | 9 | 10 |

ARTIST		LABEL	
ALBUM		COUNTRY	
YEAR		GRADE	
NOTES			

OVERALL RATING

| 1 | 2 | 3 | 4 | 5 | 6 | 7 | 8 | 9 | 10 |

MUSIC ALBUM COLLECTOR LOG

ARTIST		LABEL	
ALBUM		COUNTRY	
YEAR		GRADE	
NOTES			

OVERALL RATING

| 1 | 2 | 3 | 4 | 5 | 6 | 7 | 8 | 9 | 10 |

ARTIST		LABEL	
ALBUM		COUNTRY	
YEAR		GRADE	
NOTES			

OVERALL RATING

| 1 | 2 | 3 | 4 | 5 | 6 | 7 | 8 | 9 | 10 |

ARTIST		LABEL	
ALBUM		COUNTRY	
YEAR		GRADE	
NOTES			

OVERALL RATING

| 1 | 2 | 3 | 4 | 5 | 6 | 7 | 8 | 9 | 10 |

MUSIC ALBUM COLLECTOR LOG

ARTIST		LABEL	
ALBUM		COUNTRY	
YEAR		GRADE	
NOTES			

OVERALL RATING

| 1 | 2 | 3 | 4 | 5 | 6 | 7 | 8 | 9 | 10 |

ARTIST		LABEL	
ALBUM		COUNTRY	
YEAR		GRADE	
NOTES			

OVERALL RATING

| 1 | 2 | 3 | 4 | 5 | 6 | 7 | 8 | 9 | 10 |

ARTIST		LABEL	
ALBUM		COUNTRY	
YEAR		GRADE	
NOTES			

OVERALL RATING

| 1 | 2 | 3 | 4 | 5 | 6 | 7 | 8 | 9 | 10 |

MUSIC ALBUM COLLECTOR LOG

ARTIST		LABEL	
ALBUM		COUNTRY	
YEAR		GRADE	

NOTES	

OVERALL RATING

1	2	3	4	5	6	7	8	9	10

ARTIST		LABEL	
ALBUM		COUNTRY	
YEAR		GRADE	

NOTES	

OVERALL RATING

1	2	3	4	5	6	7	8	9	10

ARTIST		LABEL	
ALBUM		COUNTRY	
YEAR		GRADE	

NOTES	

OVERALL RATING

1	2	3	4	5	6	7	8	9	10

MUSIC ALBUM COLLECTOR LOG

ARTIST		LABEL	
ALBUM		COUNTRY	
YEAR		GRADE	

NOTES	

OVERALL RATING

| 1 | 2 | 3 | 4 | 5 | 6 | 7 | 8 | 9 | 10 |

ARTIST		LABEL	
ALBUM		COUNTRY	
YEAR		GRADE	

NOTES	

OVERALL RATING

| 1 | 2 | 3 | 4 | 5 | 6 | 7 | 8 | 9 | 10 |

ARTIST		LABEL	
ALBUM		COUNTRY	
YEAR		GRADE	

NOTES	

OVERALL RATING

| 1 | 2 | 3 | 4 | 5 | 6 | 7 | 8 | 9 | 10 |

MUSIC ALBUM COLLECTOR LOG

ARTIST		LABEL	
ALBUM		COUNTRY	
YEAR		GRADE	

NOTES

OVERALL RATING

| 1 | 2 | 3 | 4 | 5 | 6 | 7 | 8 | 9 | 10 |

ARTIST		LABEL	
ALBUM		COUNTRY	
YEAR		GRADE	

NOTES

OVERALL RATING

| 1 | 2 | 3 | 4 | 5 | 6 | 7 | 8 | 9 | 10 |

ARTIST		LABEL	
ALBUM		COUNTRY	
YEAR		GRADE	

NOTES

OVERALL RATING

| 1 | 2 | 3 | 4 | 5 | 6 | 7 | 8 | 9 | 10 |

MUSIC ALBUM COLLECTOR LOG

ARTIST		LABEL		
ALBUM		COUNTRY		
YEAR		GRADE		
NOTES				

OVERALL RATING

1	2	3	4	5	6	7	8	9	10

ARTIST		LABEL		
ALBUM		COUNTRY		
YEAR		GRADE		
NOTES				

OVERALL RATING

1	2	3	4	5	6	7	8	9	10

ARTIST		LABEL		
ALBUM		COUNTRY		
YEAR		GRADE		
NOTES				

OVERALL RATING

1	2	3	4	5	6	7	8	9	10

MUSIC ALBUM COLLECTOR LOG

ARTIST		LABEL	
ALBUM		COUNTRY	
YEAR		GRADE	
NOTES			

OVERALL RATING

| 1 | 2 | 3 | 4 | 5 | 6 | 7 | 8 | 9 | 10 |

ARTIST		LABEL	
ALBUM		COUNTRY	
YEAR		GRADE	
NOTES			

OVERALL RATING

| 1 | 2 | 3 | 4 | 5 | 6 | 7 | 8 | 9 | 10 |

ARTIST		LABEL	
ALBUM		COUNTRY	
YEAR		GRADE	
NOTES			

OVERALL RATING

| 1 | 2 | 3 | 4 | 5 | 6 | 7 | 8 | 9 | 10 |

MUSIC ALBUM COLLECTOR LOG

ARTIST		LABEL	
ALBUM		COUNTRY	
YEAR		GRADE	
NOTES			

OVERALL RATING

1	2	3	4	5	6	7	8	9	10

ARTIST		LABEL	
ALBUM		COUNTRY	
YEAR		GRADE	
NOTES			

OVERALL RATING

1	2	3	4	5	6	7	8	9	10

ARTIST		LABEL	
ALBUM		COUNTRY	
YEAR		GRADE	
NOTES			

OVERALL RATING

1	2	3	4	5	6	7	8	9	10

MUSIC ALBUM COLLECTOR LOG

ARTIST		LABEL	
ALBUM		COUNTRY	
YEAR		GRADE	

NOTES	

OVERALL RATING

1	2	3	4	5	6	7	8	9	10

ARTIST		LABEL	
ALBUM		COUNTRY	
YEAR		GRADE	

NOTES	

OVERALL RATING

1	2	3	4	5	6	7	8	9	10

ARTIST		LABEL	
ALBUM		COUNTRY	
YEAR		GRADE	

NOTES	

OVERALL RATING

1	2	3	4	5	6	7	8	9	10

MUSIC ALBUM COLLECTOR LOG

ARTIST		LABEL	
ALBUM		COUNTRY	
YEAR		GRADE	

NOTES	

OVERALL RATING

1	2	3	4	5	6	7	8	9	10

ARTIST		LABEL	
ALBUM		COUNTRY	
YEAR		GRADE	

NOTES	

OVERALL RATING

1	2	3	4	5	6	7	8	9	10

ARTIST		LABEL	
ALBUM		COUNTRY	
YEAR		GRADE	

NOTES	

OVERALL RATING

1	2	3	4	5	6	7	8	9	10

MUSIC ALBUM COLLECTOR LOG

ARTIST		LABEL	
ALBUM		COUNTRY	
YEAR		GRADE	
NOTES			

OVERALL RATING

| 1 | 2 | 3 | 4 | 5 | 6 | 7 | 8 | 9 | 10 |

ARTIST		LABEL	
ALBUM		COUNTRY	
YEAR		GRADE	
NOTES			

OVERALL RATING

| 1 | 2 | 3 | 4 | 5 | 6 | 7 | 8 | 9 | 10 |

ARTIST		LABEL	
ALBUM		COUNTRY	
YEAR		GRADE	
NOTES			

OVERALL RATING

| 1 | 2 | 3 | 4 | 5 | 6 | 7 | 8 | 9 | 10 |

MUSIC ALBUM COLLECTOR LOG

ARTIST		LABEL	
ALBUM		COUNTRY	
YEAR		GRADE	

NOTES	

OVERALL RATING

1	2	3	4	5	6	7	8	9	10

ARTIST		LABEL	
ALBUM		COUNTRY	
YEAR		GRADE	

NOTES	

OVERALL RATING

1	2	3	4	5	6	7	8	9	10

ARTIST		LABEL	
ALBUM		COUNTRY	
YEAR		GRADE	

NOTES	

OVERALL RATING

1	2	3	4	5	6	7	8	9	10

MUSIC ALBUM COLLECTOR LOG

ARTIST		LABEL	
ALBUM		COUNTRY	
YEAR		GRADE	

NOTES	

OVERALL RATING

1	2	3	4	5	6	7	8	9	10

ARTIST		LABEL	
ALBUM		COUNTRY	
YEAR		GRADE	

NOTES	

OVERALL RATING

1	2	3	4	5	6	7	8	9	10

ARTIST		LABEL	
ALBUM		COUNTRY	
YEAR		GRADE	

NOTES	

OVERALL RATING

1	2	3	4	5	6	7	8	9	10

MUSIC ALBUM COLLECTOR LOG

ARTIST		LABEL	
ALBUM		COUNTRY	
YEAR		GRADE	

NOTES	

OVERALL RATING

1	2	3	4	5	6	7	8	9	10

ARTIST		LABEL	
ALBUM		COUNTRY	
YEAR		GRADE	

NOTES	

OVERALL RATING

1	2	3	4	5	6	7	8	9	10

ARTIST		LABEL	
ALBUM		COUNTRY	
YEAR		GRADE	

NOTES	

OVERALL RATING

1	2	3	4	5	6	7	8	9	10

MUSIC ALBUM COLLECTOR LOG

ARTIST		LABEL	
ALBUM		COUNTRY	
YEAR		GRADE	

NOTES	

OVERALL RATING

1	2	3	4	5	6	7	8	9	10

ARTIST		LABEL	
ALBUM		COUNTRY	
YEAR		GRADE	

NOTES	

OVERALL RATING

1	2	3	4	5	6	7	8	9	10

ARTIST		LABEL	
ALBUM		COUNTRY	
YEAR		GRADE	

NOTES	

OVERALL RATING

1	2	3	4	5	6	7	8	9	10

MUSIC ALBUM COLLECTOR LOG

ARTIST		LABEL	
ALBUM		COUNTRY	
YEAR		GRADE	

NOTES	

OVERALL RATING

| 1 | 2 | 3 | 4 | 5 | 6 | 7 | 8 | 9 | 10 |

ARTIST		LABEL	
ALBUM		COUNTRY	
YEAR		GRADE	

NOTES	

OVERALL RATING

| 1 | 2 | 3 | 4 | 5 | 6 | 7 | 8 | 9 | 10 |

ARTIST		LABEL	
ALBUM		COUNTRY	
YEAR		GRADE	

NOTES	

OVERALL RATING

| 1 | 2 | 3 | 4 | 5 | 6 | 7 | 8 | 9 | 10 |

MUSIC ALBUM COLLECTOR LOG

ARTIST		LABEL	
ALBUM		COUNTRY	
YEAR		GRADE	

NOTES	

OVERALL RATING

1	2	3	4	5	6	7	8	9	10

ARTIST		LABEL	
ALBUM		COUNTRY	
YEAR		GRADE	

NOTES	

OVERALL RATING

1	2	3	4	5	6	7	8	9	10

ARTIST		LABEL	
ALBUM		COUNTRY	
YEAR		GRADE	

NOTES	

OVERALL RATING

1	2	3	4	5	6	7	8	9	10

MUSIC ALBUM COLLECTOR LOG

ARTIST		LABEL	
ALBUM		COUNTRY	
YEAR		GRADE	

NOTES	

OVERALL RATING

1	2	3	4	5	6	7	8	9	10

ARTIST		LABEL	
ALBUM		COUNTRY	
YEAR		GRADE	

NOTES	

OVERALL RATING

1	2	3	4	5	6	7	8	9	10

ARTIST		LABEL	
ALBUM		COUNTRY	
YEAR		GRADE	

NOTES	

OVERALL RATING

1	2	3	4	5	6	7	8	9	10

MUSIC ALBUM COLLECTOR LOG

ARTIST		LABEL	
ALBUM		COUNTRY	
YEAR		GRADE	
NOTES			

OVERALL RATING

| 1 | 2 | 3 | 4 | 5 | 6 | 7 | 8 | 9 | 10 |

ARTIST		LABEL	
ALBUM		COUNTRY	
YEAR		GRADE	
NOTES			

OVERALL RATING

| 1 | 2 | 3 | 4 | 5 | 6 | 7 | 8 | 9 | 10 |

ARTIST		LABEL	
ALBUM		COUNTRY	
YEAR		GRADE	
NOTES			

OVERALL RATING

| 1 | 2 | 3 | 4 | 5 | 6 | 7 | 8 | 9 | 10 |

MUSIC ALBUM COLLECTOR LOG

ARTIST		LABEL	
ALBUM		COUNTRY	
YEAR		GRADE	

NOTES	

OVERALL RATING

1	2	3	4	5	6	7	8	9	10

ARTIST		LABEL	
ALBUM		COUNTRY	
YEAR		GRADE	

NOTES	

OVERALL RATING

1	2	3	4	5	6	7	8	9	10

ARTIST		LABEL	
ALBUM		COUNTRY	
YEAR		GRADE	

NOTES	

OVERALL RATING

1	2	3	4	5	6	7	8	9	10

MUSIC ALBUM COLLECTOR LOG

ARTIST		LABEL	
ALBUM		COUNTRY	
YEAR		GRADE	

NOTES	

OVERALL RATING

1	2	3	4	5	6	7	8	9	10

ARTIST		LABEL	
ALBUM		COUNTRY	
YEAR		GRADE	

NOTES	

OVERALL RATING

1	2	3	4	5	6	7	8	9	10

ARTIST		LABEL	
ALBUM		COUNTRY	
YEAR		GRADE	

NOTES	

OVERALL RATING

1	2	3	4	5	6	7	8	9	10

MUSIC ALBUM COLLECTOR LOG

ARTIST		LABEL	
ALBUM		COUNTRY	
YEAR		GRADE	
NOTES			

OVERALL RATING

| 1 | 2 | 3 | 4 | 5 | 6 | 7 | 8 | 9 | 10 |

ARTIST		LABEL	
ALBUM		COUNTRY	
YEAR		GRADE	
NOTES			

OVERALL RATING

| 1 | 2 | 3 | 4 | 5 | 6 | 7 | 8 | 9 | 10 |

ARTIST		LABEL	
ALBUM		COUNTRY	
YEAR		GRADE	
NOTES			

OVERALL RATING

| 1 | 2 | 3 | 4 | 5 | 6 | 7 | 8 | 9 | 10 |

MUSIC ALBUM COLLECTOR LOG

ARTIST		LABEL	
ALBUM		COUNTRY	
YEAR		GRADE	

NOTES	

OVERALL RATING

1	2	3	4	5	6	7	8	9	10

ARTIST		LABEL	
ALBUM		COUNTRY	
YEAR		GRADE	

NOTES	

OVERALL RATING

1	2	3	4	5	6	7	8	9	10

ARTIST		LABEL	
ALBUM		COUNTRY	
YEAR		GRADE	

NOTES	

OVERALL RATING

1	2	3	4	5	6	7	8	9	10

MUSIC ALBUM COLLECTOR LOG

ARTIST		LABEL	
ALBUM		COUNTRY	
YEAR		GRADE	

NOTES	

OVERALL RATING

1	2	3	4	5	6	7	8	9	10

ARTIST		LABEL	
ALBUM		COUNTRY	
YEAR		GRADE	

NOTES	

OVERALL RATING

1	2	3	4	5	6	7	8	9	10

ARTIST		LABEL	
ALBUM		COUNTRY	
YEAR		GRADE	

NOTES	

OVERALL RATING

1	2	3	4	5	6	7	8	9	10

MUSIC ALBUM COLLECTOR LOG

ARTIST		LABEL	
ALBUM		COUNTRY	
YEAR		GRADE	

NOTES	

OVERALL RATING

1	2	3	4	5	6	7	8	9	10

ARTIST		LABEL	
ALBUM		COUNTRY	
YEAR		GRADE	

NOTES	

OVERALL RATING

1	2	3	4	5	6	7	8	9	10

ARTIST		LABEL	
ALBUM		COUNTRY	
YEAR		GRADE	

NOTES	

OVERALL RATING

1	2	3	4	5	6	7	8	9	10

MUSIC ALBUM COLLECTOR LOG

ARTIST		LABEL	
ALBUM		COUNTRY	
YEAR		GRADE	

NOTES	

OVERALL RATING

1	2	3	4	5	6	7	8	9	10

ARTIST		LABEL	
ALBUM		COUNTRY	
YEAR		GRADE	

NOTES	

OVERALL RATING

1	2	3	4	5	6	7	8	9	10

ARTIST		LABEL	
ALBUM		COUNTRY	
YEAR		GRADE	

NOTES	

OVERALL RATING

1	2	3	4	5	6	7	8	9	10

MUSIC ALBUM COLLECTOR LOG

ARTIST		LABEL	
ALBUM		COUNTRY	
YEAR		GRADE	
NOTES			

OVERALL RATING

1	2	3	4	5	6	7	8	9	10

ARTIST		LABEL	
ALBUM		COUNTRY	
YEAR		GRADE	
NOTES			

OVERALL RATING

1	2	3	4	5	6	7	8	9	10

ARTIST		LABEL	
ALBUM		COUNTRY	
YEAR		GRADE	
NOTES			

OVERALL RATING

1	2	3	4	5	6	7	8	9	10

MUSIC ALBUM COLLECTOR LOG

ARTIST		LABEL	
ALBUM		COUNTRY	
YEAR		GRADE	

NOTES	

OVERALL RATING

1	2	3	4	5	6	7	8	9	10

ARTIST		LABEL	
ALBUM		COUNTRY	
YEAR		GRADE	

NOTES	

OVERALL RATING

1	2	3	4	5	6	7	8	9	10

ARTIST		LABEL	
ALBUM		COUNTRY	
YEAR		GRADE	

NOTES	

OVERALL RATING

1	2	3	4	5	6	7	8	9	10

MUSIC ALBUM COLLECTOR LOG

ARTIST		LABEL	
ALBUM		COUNTRY	
YEAR		GRADE	
NOTES			

OVERALL RATING

| 1 | 2 | 3 | 4 | 5 | 6 | 7 | 8 | 9 | 10 |

ARTIST		LABEL	
ALBUM		COUNTRY	
YEAR		GRADE	
NOTES			

OVERALL RATING

| 1 | 2 | 3 | 4 | 5 | 6 | 7 | 8 | 9 | 10 |

ARTIST		LABEL	
ALBUM		COUNTRY	
YEAR		GRADE	
NOTES			

OVERALL RATING

| 1 | 2 | 3 | 4 | 5 | 6 | 7 | 8 | 9 | 10 |

MUSIC ALBUM COLLECTOR LOG

ARTIST		LABEL	
ALBUM		COUNTRY	
YEAR		GRADE	
NOTES			

OVERALL RATING

1	2	3	4	5	6	7	8	9	10

ARTIST		LABEL	
ALBUM		COUNTRY	
YEAR		GRADE	
NOTES			

OVERALL RATING

1	2	3	4	5	6	7	8	9	10

ARTIST		LABEL	
ALBUM		COUNTRY	
YEAR		GRADE	
NOTES			

OVERALL RATING

1	2	3	4	5	6	7	8	9	10

MUSIC ALBUM COLLECTOR LOG

ARTIST		LABEL	
ALBUM		COUNTRY	
YEAR		GRADE	

NOTES	

OVERALL RATING

| 1 | 2 | 3 | 4 | 5 | 6 | 7 | 8 | 9 | 10 |

ARTIST		LABEL	
ALBUM		COUNTRY	
YEAR		GRADE	

NOTES	

OVERALL RATING

| 1 | 2 | 3 | 4 | 5 | 6 | 7 | 8 | 9 | 10 |

ARTIST		LABEL	
ALBUM		COUNTRY	
YEAR		GRADE	

NOTES	

OVERALL RATING

| 1 | 2 | 3 | 4 | 5 | 6 | 7 | 8 | 9 | 10 |

MUSIC ALBUM COLLECTOR LOG

ARTIST		LABEL	
ALBUM		COUNTRY	
YEAR		GRADE	

NOTES	

OVERALL RATING

1	2	3	4	5	6	7	8	9	10

ARTIST		LABEL	
ALBUM		COUNTRY	
YEAR		GRADE	

NOTES	

OVERALL RATING

1	2	3	4	5	6	7	8	9	10

ARTIST		LABEL	
ALBUM		COUNTRY	
YEAR		GRADE	

NOTES	

OVERALL RATING

1	2	3	4	5	6	7	8	9	10

QUICK RECAP LIST

ALBUM	ARTIST	GENRE	RATING	LOG PAGE

QUICK RECAP LIST

ALBUM	ARTIST	GENRE	RATING	LOG PAGE

QUICK RECAP LIST

ALBUM	ARTIST	GENRE	RATING	LOG PAGE

QUICK RECAP LIST

ALBUM	ARTIST	GENRE	RATING	LOG PAGE

QUICK RECAP LIST

ALBUM	ARTIST	GENRE	RATING	LOG PAGE

QUICK RECAP LIST

ALBUM	ARTIST	GENRE	RATING	LOG PAGE

QUICK RECAP LIST

ALBUM	ARTIST	GENRE	RATING	LOG PAGE

QUICK RECAP LIST

ALBUM	ARTIST	GENRE	RATING	LOG PAGE

QUICK RECAP LIST

ALBUM	ARTIST	GENRE	RATING	LOG PAGE

QUICK RECAP LIST

ALBUM	ARTIST	GENRE	RATING	LOG PAGE

QUICK RECAP LIST

ALBUM	ARTIST	GENRE	RATING	LOG PAGE

QUICK RECAP LIST

ALBUM	ARTIST	GENRE	RATING	LOG PAGE

NOTES

NOTES

NOTES

NOTES

NOTES

NOTES

NOTES